童/眼/识/天/下/科/普/馆

城市的四季

童心 ○编绘

U0314346

化学工业出版社
·北京·

图书在版编目（CIP）数据

童眼识天下科普馆. 城市的四季 / 童心编绘. —北京：
化学工业出版社，2024.4
ISBN 978-7-122-45048-7

Ⅰ.①童… Ⅱ.①童… Ⅲ.①常识课-学前教育-教学
参考资料 Ⅳ.①G613

中国国家版本馆CIP数据核字（2024）第032766号

童 / 眼 / 识 / 天 / 下 / 科 / 普 / 馆

城市的四季

责任编辑：田欣炜　　　　　　　　　　　　美术编辑：张　辉
责任校对：宋　夏

出版发行：化学工业出版社（北京市东城区青年湖南街13号　邮政编码100011）
印　　装：北京宝隆世纪印刷有限公司
787mm×1092mm　1/12　印张5　字数80千字　2024 年 5 月北京第1版第1次印刷

购书咨询：010-64518888　　　　　　　　售后服务：010-64518899
网　　址：http://www.cip.com.cn
凡购买本书，如有缺损质量问题，本书销售中心负责调换。

定　　价：25.00元

·前言·  *Foreword*

　　季节，是大自然创作出的最美好的画卷。春天如画、夏天似火、秋天像诗、冬天若梦，一年中，四季轮番展示着自己的风华，带给我们不同的期待和惊喜。

　　本系列是专门为孩子精心制作的一套图书，每一本都用娓娓道来的语言和精美细致的手绘图片讲述了生动有趣的科普知识。为了与小读者良好地互动，每本书中都设有一位动物主人公，它会带着孩子们到不同的环境去聆听大自然，细数大自然的美好，感受四季轮回的魅力。

　　居住在城市里的小金毛犬贝贝知道，当公园里的树木开始萌芽，那就是温柔的春姑娘到访了；当花坛上一朵朵鲜花盛放，那便是热情的夏姑娘来做客了；当金黄的落叶旋转着落在马路上，那一定是秋姑娘正在翩翩起舞；当高楼大厦都戴上了雪做的"白帽子"，就表示冬姑娘又在做雪衣裳了。

　　怎么样？城市的四季也有一番趣味吧！那还等什么？赶快走进《城市的四季》，和活泼的小金毛犬贝贝一起去追寻四季的脚步吧。相信，你一定能看到城市的四季之美。

目录 录
Contents

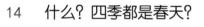

春天，你在哪？

冬天还没走远，花园里的迎春花就迫不及待地绽放了，娇小玲珑的花儿舒展身体，在积攒了一冬寒意的枝丫上荡漾出娇媚的嫩黄。一朵朵小花在枝头招摇，争先恐后地诉说着："春天要来了！"

春天到底啥时来

大家一直把第一个节气——立春当做春天的开始。立春在每年的2月3日～5日之间，这天一到，就意味着新的轮回开始了：天气渐渐变暖，草坪上的小草织成毛茸茸的地毯，小燕子也穿着晚礼服回家了。春天真热闹呀，怪不得小朋友们都换上轻便鲜亮的衣服给春天庆祝生日呢！

春天的风

初春，在城市的街道上，也许还看不到树枝上的绿色枝芽，草坪中的小草还没冒出头，但是却已经能感受到温暖的春风了。春天的风是和风，温暖的、和缓的，它像是一个唤醒者，给城市带来春天的讯息，让小草发芽、柳树抽枝、春花绽放……

小狗贝贝做向导

快看！小狗贝贝摇着尾巴向我们跑过来了，它是一只两个月大的金毛犬，对一切事物都充满了好奇。听说你想探索四季的秘密，贝贝兴奋得不得了，自告奋勇要来当向导呢！我们赶紧跟着它去看看吧。

偷偷冒头的绿芽芽

天气真好呀，贝贝迫不及待跑出了家门。低头瞧一瞧，街道两边的草坪中，小草羞羞怯怯地冒出了头；向上看，暗色的绿篱也长出了嫩绿的新芽，与去年的旧叶比起来格外鲜嫩；再向上看，梧桐树的枝干上也长出了新叶，小芽刚长出时蜷缩着，慢慢就会伸展长大……

小草冒出头

远远看去，草坪里还很是萧条，冬天的严寒让青草枯败一片。贝贝用爪子扫过草坪，竟然在枯黄之中发现了青嫩的绿芽。草芽还很小，它们刚刚冲破土层冒出个"小脑袋"，这该是费了很大的力气吧。在春雨、暖阳的照料下，小草会茁壮成长，过不了多久，草丛就会变得绿油油一片了。

柳树放新芽

一场春雨过后，公园湖边的柳树苏醒了，从树枝中冒出来的新芽，舒展起稚嫩的身子，那细细长长的枝条被春天涂抹上了一层新绿。除了去年的老枝条，树干上又长出了许多新的枝杈，暖和的风吹过，它们一下子都活了，婀娜的身子跳起舞来，带得嫩绿的叶子飘摇着，湖水中的倒影也跟着舞动起来。

春天是新生

植物为什么要在春天生出新芽呢？原来，当天气变冷、太阳的照射时间变短时，植物体内会产生一种激素，叫做脱落酸，它不光能让叶子脱落，还能让植物休眠。春天来了，植物们觉得暖融融的，体内的脱落酸就藏起来了。睡了一冬的植物们，大口吸收着养分，吃饱喝足后身体就会重新开始工作啦。

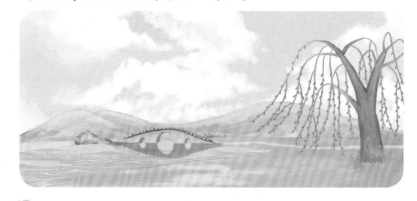

街道旁的那些花儿

奇怪，贝贝怎么不见了？原来它正跟那些五彩缤纷的花儿聊天呢。花园里、街道上，花儿们都迫不及待地绽放了，它们想在春天展示自己的美。

别致的紫裙子

在花坛中，那紫色的花儿看上去真优雅，长圆形的叶、直直的茎，紫色的花就像一件设计别致的紫裙子！这花是谁呀？哦，原来是紫罗兰。小朋友，你不知道吧，紫罗兰的家乡其实在欧洲，它们喜欢春天温和的气候，据说遥远的德国曾有这么一种风俗，就是把每年的第一束紫罗兰挂在船桅上，预示着春天重返人间。

小太阳金盏菊

在不远处的花坛中，有一种"光芒万丈"的小花，看上去真显眼呀！其实，那是金盏菊，它的花蕊被一片片又细又长的花瓣包裹着，重重叠叠，像是闪耀着光环的小太阳。金盏菊的花儿不怕冷，但却害怕炎热的天气，所以它们要抢在春天开花。

花丛中的"蓝蝴蝶"

快看，花丛中有很多美丽的蓝蝴蝶呀！这可不是什么蝴蝶，而是蓝紫色的鸢尾花。鸢尾的花瓣是蓝紫色的，有的还带着斑斓的花纹。花瓣伸展着，像是轻巧的翅膀，远远看去，还真像在花丛中翩跹起舞的蝴蝶呢。鸢尾花可并不只有蓝紫色，贝贝就在家里的花园中见过雪白和金黄的鸢尾花呢。

🐦 胭脂长树上

花儿可不止开在花坛里，抬起头看一看，街道两边的大树也来凑热闹了。朵朵小花挂满大树，花香萦绕鼻尖，那感觉真美好啊！

公园里的碧桃树开花了，花儿的颜色或深或浅，有的绯红，有的粉白。碧桃的树叶是慢性子，花儿已经开了很久，叶子才会慢吞吞地长出来。不过，花儿并不孤单，瞧，枝头上你推我挤地聚集着一朵朵小花，真是热闹极了！

🐦 槐花香喷喷

街道两边的洋槐树上挂着一串串白色的小花，素淡的花儿紧挨在一起，像叮叮当当的珍珠手链。微风吹来，贝贝就闻到了一阵阵槐花香。不知道你有没有吃过香喷喷的槐花，它能熬汤、煮饭、酿花蜜、炒鸡蛋。光是说说，贝贝的口水就已经流了一地了！不过，贝贝，并不是所有槐花都能吃，如果乱吃的话，会有中毒的危险。

🐦 樱花会"下雨"

这条街道上的槐花开了，另一条街道上的樱花也不甘落后。粉色和白色的樱花朵朵绽放，吸引着你走到树下，仰头欣赏它们可爱的小脸。一阵风吹过，树上的花瓣都飘飘洒洒地跳起舞来，它们落到草地上、大街上，落到人们的头发和衣服上，就像下了一场樱花雨。

樱花的模样和桃花有些像，不过仔细瞧一瞧，就能发现它们的区别了：桃花的花瓣是尖状或椭圆，上面没有缺口；樱花的花瓣比较圆，尖端有缺口。

杨絮柳絮随风飘

大街上突然下起雪来了，贝贝想尝尝冰凉的雪花。"阿嚏！"还没等伸出舌头，它就打了个大喷嚏。大傻贝贝，这可不是雪呀！

"雪花"到底是什么

你见过柳树的种子吗？它的种子就是人们说的柳絮。阳光晒得柳絮暖洋洋的，于是膨胀起来，像雪花一样跳起舞来。柳絮穿着一件白色的"棉衣"，里面裹着的就是种子。柳絮飘啊飘啊，最后在一个合适的地方降落，种子就会钻进土里，生根安家。也许有一天，一株小小的柳树苗就会在这里悄悄探出头。

杨絮凑热闹

看到柳树的种子变成了"雪"，杨树的种子也不甘示弱，一团团白色的杨絮随风飘落，看上去和柳絮可真像。其实，杨絮和柳絮不一样。瞧，杨絮更加凝结，有点儿像棉花；柳絮更纤细轻盈，可以飘得更远。

让人又爱又恨的"雪"

杨絮和柳絮漫天飞舞，飘落在街道上、庭院里、花坛中……几乎无处不在。虽然有人喜欢这样的"雪景"，但是它给人们带来的麻烦也不少。杨絮柳絮是重要的过敏原，可能会引起流鼻涕、咳嗽，甚至哮喘。既然这样，为什么还要把它们种在街道上呢？原来呀，杨树和柳树在中国已经有很悠久的种植历史了，它们不仅为城市增添了绿意，还可以产氧、吸尘，让城市的环境更加美好。

风筝、风筝，快飞吧！

贝贝抬头看了看天空，纳闷着：怎么金鱼、脸谱、卡通人物都飞上了天呢？看样子，我们的小狗贝贝还没见过风筝呢！不如大家一起去广场上放风筝，它就知道是怎么回事了。

风筝？纸鸢？

你知道吗？风筝在古时候叫纸鸢，在我国有两千多年的历史呢。传说在南朝的时候，皇帝被敌人围困在城里，情急之下只好放飞纸鸢，军队看见带字的纸鸢，就立刻派兵支援。到了唐朝，纸鸢慢慢发展成了孩子们的玩具：先用细竹子做骨架，然后细致地糊上纸，再描绘出彩色的图案，一只漂亮的风筝就做好啦。

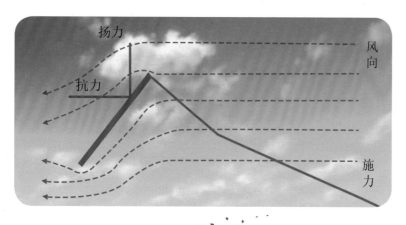

放风筝大赛

贝贝瞪大眼睛看着天上的风筝：这边一只鼓眼睛的金鱼正在蓝色的"大海"中游荡，另一边的"花蝴蝶"和"小燕子"在比赛谁飞得高。只见"花蝴蝶"迎着风飘飘荡荡，快要超过"小燕子"了，这下"小燕子"的小主人着急了，他手里拽着线轴一会松一会紧，"小燕子"飞得越来越高……贝贝和小朋友都高兴极了："放风筝真有趣呀！"

风筝怎么飞上天？

"风筝是怎么飞上天的呢？"这个问题一定也困扰着你吧。实际上，风筝是被风"托"起来的，越到高空，空气的流动力越大，风筝就飞得越起劲儿，这个时候可要紧紧拽住手中的线，别让它飞走了。贝贝不放心："要是没有风怎么办？"傻贝贝，我们跑起来不就有风了吗？

什么？四季都是春天？

哎呀呀，春天真是太美好了，如果能永远过春天就好了。但是你知道吗，有些城市真的一年四季都在过春天！

春天之城

说到四季如春，最负盛名的就是"春城"昆明了。你一定早就知道"地势越高温度就越低"的道理，炎炎夏日，位于云贵高原的昆明即便和太阳公公再"亲密"，也依旧风和日暖、春色宜人。到了冬天，昆明就睡在群山的怀抱里，北方寒冷的空气吹不到它，所以在这个时候，你还能看见大片的山茶花、水仙花、郁金香，真是太美妙了。

有"空调"的温哥华

离太阳远就一定冷吗？那可不一定。温哥华跟我国的黑龙江省差不多在同一纬度，但是可比黑龙江暖和多了。它的北方有高大的山脉作"防护墙"，南方有热烘烘的季风和暖流。有了"空调"，温哥华的气候温和湿润，植物青葱茂盛，当然一年四季都在过春天啦！

城是一朵花

攀枝花，它可是名副其实的"鲜花之城"。攀枝花位于温暖的河谷，城市上空云彩很少，所以攀枝花大部分时间都阳光明媚、春意盎然。有如此得天独厚的条件加持，怪不得这儿一直花香不断：火红的木棉、花枝烂漫的三角梅、漫山遍野的索玛花和波斯菊，数不胜数。除了鲜花，你还能在这吃到各种水灵灵、甜滋滋的水果，芒果、樱桃、枇杷……哎呀，贝贝的肚子都叫了！

攀枝花

四月天，娃娃脸

窗外可暖和了，湛蓝的天空上一丝风都没有，胖乎乎的云彩正冲大家打招呼。贝贝高兴坏了，一溜烟就跑没影了。贝贝，你不知道吧，四月的天气可是说变就变的。

快跑！变天了

"唰唰——"刚刚还晴朗的天突然下起了雨。贝贝赶紧找地方躲起来，抖动着身上的毛。雨点"滴滴答答"落在马路上，溅起一朵朵水花，雨越下越大了，贝贝只能蹲在屋檐底下看着雨点发呆。"这天怎么说变就变呢？"旁边有一个小朋友也在躲雨，他说出了贝贝心中的疑惑。

可要小心了

春天的天气像小孩子的脸，说变就变，忽冷忽热的天气让人有些吃不消。重新活跃起来的病毒、细菌觉得这是个好机会，于是大举入侵，想要到我们的身体里兴风作浪，所以大家在春天可要小心不要生病呀！

春天孩子面

春天来临的时候，海洋的暖湿气流也来了，它想把温暖带给大家，但是调皮的冷空气还没玩够，无论如何都不愿意走。为此两股气流常常吵架，两者频繁出动，互有进退，天上就下起雨来。不过，冷空气来去匆匆，你看，天空是不是又转晴了？

换上春装吧

几场春雨过后，天气越来越暖和了。小朋友们迫不及待地换上五颜六色的春装。学校、公园、小区，不管在哪都能听见他们的欢声笑语。

春雷响了

雨点敲打在窗户上，像钢琴家弹奏出美妙的音符。细密的雨点串成线，在城市里穿梭，它们给公园的景色笼上了一层轻纱，给对面的高楼拉上了"窗帘"，一切都像被神秘女巫施了魔法，似真似幻，若隐若现。不一会儿雨停了，道路两旁的树叶挂着晶莹剔透的水珠，地面被冲刷得又黑又亮，就连天空也干干净净。你仔细看，天空中还有彩虹呢！贝贝在湿漉漉的街道上跑来跑去："雨后的春天，一切都是新鲜的。"

小心倒春寒

不知道从什么时候开始，小朋友们纷纷脱掉了厚重的大外套，穿上了鲜亮轻薄的衣衫，这下他们跑跑跳跳地做游戏，可就更方便了。春装虽然轻薄又漂亮，但是小朋友们也要小心"倒春寒"，你瞧，这几天天气又变冷了，这是冷空气在作怪。为了应对调皮的冷空气，一定要随着天气变化适时增减衣服，千万不要不小心着凉感冒了。

花园里添了新成员

贝贝跑到小区里，路过花园时，它看见路边有人正一手扶着花苗，一手拿着小铁铲填土。看样子花园里又要来新朋友啦！

初来乍到的月季

新来的月季花一点都不扭捏，大大方方地展开了自己的花瓣，绯红的花瓣娇艳又美丽。月季花喜欢阳光，所以可不能种在阴凉的地方。不过它们同样也不能一直暴晒在阳光下，所以需要在花园里给月季找一个合适的位置。

摇曳的三色堇

花园里的三色堇是去年种下的，之前并不起眼，但最近它开花了，一下子就吸引了人们的目光。三色堇颜色很多，红色、黄色、紫色的都有，这不算什么，特别的是花朵上的花纹，这花纹看上去像小猫、像鬼脸，因此三色堇也叫"猫儿脸""鬼脸花"。

矮个子的红花酢浆草

在花园的角落里有一片"小绿毯"，它们低低矮矮的，悄悄占领着花园中的一小片领地，这是新种下的红花酢浆草。红花酢浆草长着心形的叶子，三片叶子聚在一起生长在一根叶柄上。它们现在也许还有些不起眼，但是过不了多久，它们就会绽放出一朵朵紫红色的小花了。

夏天，突然来敲门

贝贝发现最近天气越来越热了，春天怎么会这么热啊？贝贝，告诉你吧，春姑娘已经离开了，现在掌管季节的是夏天。咦？夏天是什么时候来的呢？它怎么来得这么突然啊！

夏天什么时候来

在每年的6月21日或22日，夏天就悄悄拉开了帷幕。梧桐树叶在阳光的照耀下又绿又亮；草坪上的小草又长高了，在风中摇摆着身体；花坛中的花盛放着，像是在和阳光比谁更灿烂……天气热极了，人们的汗珠子止不住地往下掉。要我说，这会儿最应该来个圆溜溜的大西瓜，"咔嚓"一刀下去裂成两半，鲜红的汁水流淌出来，咬上一口别提有多美了！

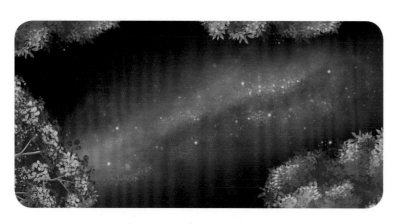

勤快的太阳公公

太阳公公怎么这么早就起床了？刚刚四五点钟，天就亮了。原来，这是因为从春分开始，太阳直射点就开启了"北迁之旅"。到了夏至这天，太阳直射点跑到了北回归线，这个时候，北半球各地的白昼时间达到全年最长，所以我们会觉得天亮得更早了。

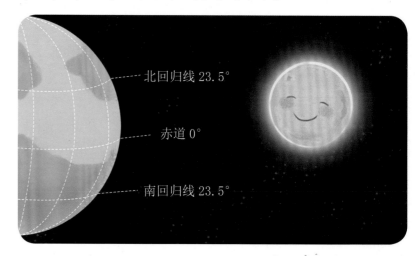

北回归线 23.5°

赤道 0°

南回归线 23.5°

星星怎么变多了

赶上晴朗的夜晚，我们一抬头就能看到不少星星。它们闪着光，正调皮地跟我们捉迷藏呢。你是不是也发现了，夏天的星星好像比其他季节更多些，这是为什么呢？原来发光的星星大多聚集在银河系中心。夏天，地球会转动到一个最佳"观赏地点"，我们刚好面向星星们的家，所以我们可以看到更多、更亮的星星了。

街旁绿树成了荫

夏天到了，道路两旁的大树伸展开碧绿的叶子，像一把遮阳伞挡住了滚烫的太阳，小草露出笑脸，贝贝也趴在树荫下伸舌头："终于凉快一些了！"

林荫大道

夏天到了，街道两边的树好像更精神了。你的感觉没有错，夏天到了，白天的时间很长，充足的光照让树叶制造叶绿素的速度变得很快，大量的叶绿素让树叶绿油油的，而且越来越茂盛。绿色的枝叶交织在大树头顶，形成了一把"大伞"。街道上大树一棵接一棵地排列着，"大伞"就一顶接一顶地连在一起，形成了贝贝最喜欢的林荫大道。

我们的守护者

贝贝仰起头来，才能看见梧桐树高大的枝叶。它们可真威风啊！茂密的树叶像绿缎子一样，伴着风哗啦啦作响；树干粗壮又结实，小朋友张开手臂都抱不过来。梧桐树挺直了腰板站在路边，把枝叶变成翠绿的大伞，让怕热的人在这里乘乘凉。孩子们开心极了，围着大树又唱又跳，树荫成了他们的游戏场。

保护眼睛

每当眼睛累了，妈妈就会让小主人出去看看大树，休息一下眼睛。难道大树还能保护眼睛？这是因为在众多的颜色中，绿颜色对眼睛的刺激是最小的，所以绿色的大树可以让我们的眼睛好好放个假。不仅如此，树叶还能够大量吸收紫外线，保护我们的眼睛。要知道，紫外线对眼睛的伤害可不小呢！

夏日花园太绚烂

盛夏，花园里的花开得更艳了：红花酢浆草绽放了一朵朵紫红色的小花；天人菊茂盛地生长着，花开得肆意又张扬；太阳花不怕热，见到太阳才开花，黄色、紫色、红色的花朵热情极了。

茉莉清香

花儿们争奇斗艳，谁也不肯认输。这时贝贝注意到一朵小花——茉莉。它有几片洁白的花瓣，中间裹着一小簇嫩黄的花蕊，清新又淡雅。远远的，就能闻到它散发的幽幽香气。贝贝嗅了嗅，这和主人喝的茶香很像。告诉你吧，贝贝，茉莉的花就是著名的花茶原料呢。

怕痒的紫薇

花园边种着一棵紫薇树，树上也绽放了红色和紫色的花。如果你轻轻挠一下紫薇的树干，它就会"咯咯"地笑个不停，连叶子也跟着晃动起来。这是怎么回事呢？原来紫薇树的"头"更重一些，所以相较于其他树就更容易摇晃。当我们给它"挠痒痒"时，树木摩擦震动会传递到更多部位，整棵树就一齐晃动起来了。

吹响小喇叭

花架上的牵牛花也开得差不多了，贝贝凑过来看了看，这些小花长得真像"小喇叭"呀！你算说对了，它的别名就叫"喇叭花"。你看这奶白的、粉紫的、天蓝的花儿，它们像是正吹着彩色喇叭叫大家来观赏它的美呢。告诉你一个秘密：把牵牛花的蒂和花蕊去掉，真的可以吹响呢。

假日，一起去海边

马路好像要被晒化了，走在路上的人们更是热得受不了。夏天可真难熬，不如我们去海边玩吧。在海边踩细软的沙子，吹着凉凉的海风，捡贝壳，看星星，这才是夏天啊！

热闹的海边

海水激起雪白的浪花，冲刷着金色的沙滩。沙滩软绵绵的，踩上去就像羽毛在亲吻脚丫。没走几步，你就会看见不少彩色的贝壳，它们正等着你来捡呢！小朋友们光着脚跑来跑去，一会蹲下来堆个城堡，一会又拎着小桶捉螃蟹去了。大人们有的套上游泳圈，踮着脚试探海水；有的忙着热身，准备去海里大展身手……大家的笑声伴着海风，被吹得很远很远。

为什么海边更凉快

到了海边，贝贝觉得凉快多了，这是为什么呢？原来呀，宽阔的大海比土地的比热容更大，大地吸收不了的热量它都能吸收，所以海边的温度就不会太高。不仅如此，海边的空气里挤满了调皮的水分子，这个时候吹来一阵轻轻柔柔的海风，当然会觉得凉爽啦。

小心晒伤哦

哎呀！有不少人都晒伤了，难道海边的太阳更加毒辣吗？其实是因为空气中的水滴，像小小的放大镜一样，可以把紫外线集中起来，而海水的这种作用就更明显了。另外，皮肤被海水打湿后，皮肤上的毛孔张开，会吸收更多的紫外线，对太阳光引起的伤害也更敏感，所以去海边玩记得防晒哦。

广场的夏夜，真热闹！

每当夜幕降临，广场就热闹起来：喷泉在灯光的照射下喷出闪耀的水花，人们一边散步一边聊最近发生的趣事，清爽的晚风哼着小曲来到了人们身边，夏天的夜晚终于凉快了一点。

夏天的广场

广场四周都装满了灯，柱子上、草丛中，甚至喷泉里头都安上了五颜六色的灯。到了晚上，这些灯照得广场光彩夺目。这时音乐响起来了，人们跳起了欢快的舞蹈。有的打扮得花枝招展地扭秧歌；有的穿上带花边的裙子跳拉丁舞；更多的人围在一起，跳起了有节奏的广场舞。小朋友们在广场上追逐，有的玩滑板，有的滑直排轮，玩累了就去喷泉下"冲凉"，真是热闹得不得了。

一起逛夜市

城市的夜晚当然少不了"夜市"了，琳琅满目的日用品、花花绿绿的衣服，还有散发着诱人香气的小吃美食，看着就让人食欲大开……夜市上的人很多，就算不买东西，相约一起逛夜市也是非常好的消遣。

一起吹泡泡吧

小朋友们鼓起嘴，对着蘸满了泡泡水的小环用力一吹，一串串亮晶晶的泡泡就飘出来了。小狗贝贝则忙着追泡泡。你知道泡泡水是什么吗？其实泡泡水就是我们最常见的肥皂水！肥皂水可以吹出泡泡，是因为它能形成一层结实的肥皂膜。这种膜不容易破，当你吹气时，肥皂膜就会一点点膨胀起来，变成圆滚滚的泡泡啦。

大雨哗哗下不停

"轰隆隆——" 几阵雷声，太阳就吓得不知道躲哪去了，黑沉沉的天像要崩塌下来。闪电更过分，它几下就把天空划出了一道大口子，雨点从大口子中涌出来，噼里啪啦地砸到了地上。

吓人的闪电

夏天的闪电可真吓人，像是要把黑漆漆的天空撕碎一样。其实呀，你要是知道闪电是怎么来的，就不会害怕了。天空中厚厚的云朵已经做好了下雨的准备，水汽在云里翻滚着。如此不平静的积雨云中有不少带电粒子，它们在高速运动中不停摩擦，产生越来越多的静电，从而形成了划破长空的闪电。

轰隆隆的雷

伴随着闪电，轰隆隆的雷声也响了起来。那么，雷声是从哪里来的呢？原来，闪电让温度剧烈升高，空气急剧膨胀起来，产生冲击波，冲击波演变成声波，就形成了我们听见的雷声。打雷和闪电几乎是同时发生的，不过因为光的速度比较快，所以我们会先看到闪电，然后才听见雷声。

温度剧烈升高
↓
冲击波
↓
雷声

大雨倾盆

狂风呼啸着，豆大的雨点从天空中砸下来，像小拳头似的打得窗户啪啪直响。"轰隆！"又是一个惊雷，震耳欲聋，贝贝吓得钻到了床底下。过了一会儿再探头看，只见雨像瀑布一样从天上落下来。花园里的花儿害怕得低下了头，大树的枝叶在暴雨中摇摆，有不少叶子都被雨滴砸到了地上，夏天的暴雨真可怕！

解暑的好帮手

太阳火辣辣的，马路被烤得热热的，小草也被晒得耷拉了脑袋，车把手似乎要晒化了，滚烫的把手几乎没人敢碰。贝贝伸着舌头喘粗气，感觉快要中暑了。

雪糕冒冷气

炎热的夏天，吃上一根冰凉凉、甜滋滋的雪糕再好不过了。你有没有仔细观察过，刚从冰箱里拿出来的雪糕还冒着"仙气"呢！这是因为空气中有很多水汽，这些水汽一遇到冷冰冰的雪糕就变成了清凉的雾滴，围绕在雪糕周围，所以看上去就好像它在"冒冷气"一样。

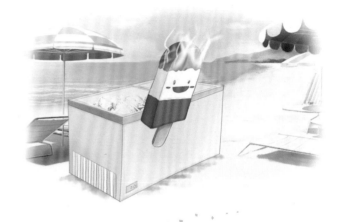

游泳真凉快

人们在水里游泳会觉得十分凉爽，难道是因为泳池的水隔绝了热量吗？其实呀，是因为我们的身体可以在水中散热，而且速度比在空气中快了将近二十倍呢！怪不得人们在炎热的夏天都愿意去水里玩耍！夏天去游泳又能锻炼身体，又能降温解暑，真是一举多得呀！不过，游泳时一定要有家长陪伴，注意安全。

冰饮料不解渴

"咕咚咚"地喝下一罐冰镇的饮料，怎么还是不解渴？原来饮料里面含有大量的糖分，我们的身体要调动不少机能来分解它，这个过程会消耗掉身体里的很多水分，这样一来，喝饮料不但不能解渴，还让我们的身体更缺水了。而且冰凉的饮料会让毛孔紧紧地缩起来，热量就更不容易散发出去了。所以要是想解暑，还不如喝一碗碧绿清凉的绿豆汤呢。

秋天来了，秋天来了

秋天带着一身金黄，迈着轻盈的脚步，悄悄来到了城市。它轻轻地吹一口气，小朋友们就穿上了外套；一抬手，树叶变成了金色；再一抖动裙摆，饱满多汁的果实都争先恐后地滚下果树……

诗意的季节

你看见不远处那棵高大挺拔的梧桐树了吗？它的叶子有的是墨绿的，有的已经变成了金黄色，一眼望去就像是翻滚波涛的金色海洋。凉飕飕的秋风一过，小手掌一样的叶子就飘落下来，像翩跹的蝴蝶。秋的华丽凄美，秋的习习凉意，都像诗一样。

一场秋雨一场寒

到了秋天，一股股的冷空气来到了我们身边，它们遇到了正在撤退的暖空气，双方开始"交战"。冷暖空气一打架，天空就落起了小雨。冷空气一次次和暖空气发生冲突，造成了一次次的降雨，气温也慢慢降低，这就是"一场秋雨一场寒"。天气越来越凉，人们也该换上微厚的秋装了。

秋天，好天气

秋天一来，天气不冷也不热，气温在20~24℃之间，这个气温是人体感觉的"舒适带"。初秋时节，气温一般都在这个"舒适带"中，因此人们感觉清爽又舒适。不过，有时天气也会变得很热很热，这是"秋老虎"在捣乱。秋老虎是已经撤退的热气团，它卷土重来，停留的时间有长有短，让人捉摸不透。

桂花开了满街香

公园被浓郁的香气缠绕着，甜蜜极了。贝贝闻了半天："是奶油的香味吗？"其实呀，这是桂花的香气！满树金黄色的小花，像不像结了一树的蜂蜜？桂花也像蜂蜜一样甜滋滋、香喷喷的。

桂花为什么这么香

公园的桂花一开，很远都能闻到香气，桂花为什么这么香呢？原来啊，桂花小小的花瓣会不断分泌出芳香油，大约由数十种化合物组成，这数量超过了很多花儿，所以桂花的香气很浓郁。这香气跟随着空气中的水分子一起散发出去，然后传得很远。

果实去哪了

贝贝认认真真地观察眼前这棵桂花树：叶子绿油油的，焕发着生机；金黄色的花朵就像一颗颗小米粒，静悄悄地开在枝头。你有没有猜到贝贝现在在想什么？这个小吃货满脑子装的都是"什么时候才能吃到桂花的果实"。其实，我们看见的这些桂花树大多是采用嫁接、扦插等方式繁殖的，只能用来观赏，只有那些经播种繁殖的桂花树才会长出果实呢。

好吃的桂花

你知道吗？桂花还能吃呢：鲜桂花可以酿成桂花酒，甘甜醇绵还不容易醉人；和着磨成浆的甜杏仁，可以做成柔嫩顺滑的杏仁豆腐……另外，还有我们最常吃到的桂花糕、桂花茶、桂花酒酿细圆子等。什么？你还没吃过？那可要赶快去尝尝了！

鸟儿成群飞过时

贝贝在跟谁打招呼呢？原来是一群候鸟，它们结成一队又一队，铺天盖地从城市上空飞过。贝贝挨个辨认："这是燕子，那是杜鹃……"看样子它知道得还不少呢！

井然有序的大部队

无数迁徙的候鸟从天空飞过，它们一会儿飞成"人"字，一会儿飞成"一"字，真是太壮观了。那么，每个迁徙的"部队"都有几十只、数百只鸟儿，它们是怎么保持行动一致的呢？科学家们研究了好多年，到现在也没有定论。有的说，"队形"至关重要，鸟儿要靠队形产生的气流把自己托起来；还有的说，迁徙的鸟群要靠有经验的领头鸟引路，其他鸟儿只要跟随它飞就不会迷路。

休息、休息

最近几年，许多地方都在实施湿地修复、保护工程，候鸟"加油站"越来越多了。候鸟们有了"驿站"，它们在迁徙途中就能饱饱地睡上一觉，吃到美味的食物补充体力。不过呀，有些候鸟发现了这个"加油站"后，就会放弃"南下"的计划，留在这里过冬。等到明年秋天，它们还会找到这来的。

候鸟加油站

快看！几只美丽的大天鹅飞下来了，落到公园的湿地中，它们在湖水中痛快地洗了个澡，然后结伴去觅食了。候鸟怎么不飞了？原来它们也要休息，赶快恢复体力，才能飞得更高更远。看样子，它们把这个公园当成"旅馆"了。大天鹅在水中玩累了，它们抖了抖羽毛，然后把头埋在翅膀里，就这样漂在水面上睡着了。嘘，千万不要打扰了它们的美梦哟。

天气一凉，树木的叶子都纷纷扬扬地飘落下来了。落叶在地上堆成了厚厚一层，小朋友们踩上去发出"咔嚓、咔嚓"的响声，贝贝也到"树叶毯"上打滚去了。

树叶的秋装

天一冷，树叶就不再神气了，它身体里的叶绿素要冬眠了。不过没关系，黄色的胡萝卜素和红色的花青素会接替叶绿素的工作。在它们的努力下，梧桐树的树叶变成了金黄色，枫树也装扮上了满树的红叶。不过，并不是所有的树叶都会变色。瞧，植物园中的松树、柏树、冬青还保持着一身青绿，原来它们的叶子像针一样，上面还有厚厚的角质层，这样的叶子让它们耐寒又耐旱，即便到了冬天树叶也能保持青翠。

"金蝴蝶"飞下树

贝贝正在梧桐树下玩耍，突然一片枯黄的叶子打着转儿飘了下来，紧接着，又有两片、三片，更多的树叶落下来了，最后大树只剩下了灰棕色的树干。贝贝知道，这是大树在保护自己呢！冬天，大树没有水分和养料，只有把营养都留在枝干里，它才能安全地度过冬天。所以懂事的叶子们，像缤纷的蝴蝶一样纷纷落在大地上，想把自己最后一点能量都留给大树妈妈。

落红不是无情物

你可能会问：落叶要在树下睡觉了吗？其实并不是，干枯的树叶会被土壤中的一些"小家伙"分解，最终化成养料滋养大树。不过我们也许发现不了这些勤劳的小家伙，它们是个头很小的昆虫和微生物。有了它们的帮忙，小树叶化成了泥，到了来年春天，大树就会长得更茂盛。

秋意浓，秋风凉

打开窗户，外面的风凉飕飕的，贝贝打了个哆嗦。不一会，又有缠绵的雨丝飘了进来，落在它的身上，像是被冰凉的针扎了一下。赶快关上窗户吧！秋天越来越冷了。

"寒露"来了

小朋友在翻看日历，他告诉贝贝，虽然是秋天，但是节气中已经带有"寒"字了。贝贝想，这个节气应该是"寒露"吧。到了这一天，天气就慢慢从凉爽变成了寒冷，小朋友们都要穿上厚外套，从头到脚裹得严严实实的。看样子，冬天离得不远了。

菊花不怕冷

秋风越来越凉，到处都是落叶，花园里也变得萧瑟起来。不过，走到花园边，你就会发现还有花在热烈地绽放着。原来这是一丛菊花，橘黄色的花瓣一丝丝打着卷儿，紧紧地簇拥在一起，漂亮又优雅。怪不得农历的九月也被称为"菊月"呢。

亮晶晶的露珠

深秋的早晨，贝贝竟然看见小草上挂着"泪珠"。放心吧，小草可没有哭，这是晶莹的露珠呀。秋季一天的温差大，中午还暖融融的呢，到了晚上就变得凉飕飕了。伴随着温度的降低，空气所能承载的水汽变少，多余的水汽就附着在小草上形成了小露珠。

寒风吹过的冬天

不知不觉地，冬天来了，人们换上了暖和的外套。妈妈忙着煮热腾腾的饺子，听说在冬至这天吃饺子是已经流传很多年的传统了。

冬天初来到

初冬还并不算太冷，空气很新鲜，深吸一口冰冰凉凉的。那些耐寒的树木还展露着它们的风姿，街边的小草还没完全枯萎，它们拼命挺着身子，好像在释放生命中最后一点力量。小朋友们都穿上了暖和的衣服，在冬日的太阳底下你追我赶地做游戏。

谁贴的"窗花"

贝贝看着窗子，是谁这么热心贴上了好看的窗花？当然是心灵手巧的冬姑娘呀！冬天的早晨，外面的空气冷飕飕的，而屋子里的空气是暖融融的，屋子里的水蒸气碰到冰凉的玻璃就会迅速结成小冰晶，这些小冰晶一个挨一个儿地贴在玻璃上，就形成了美丽的冰花。

寒风呼呼吹

冬日的寒风是从西北方向的高原吹过来的，又干又冷。西北风可真凶啊，刮在脸上干干疼疼的。人们都关上了窗子，不太欢迎寒风吹进家里。街旁的植物就没有这样的屏障了，光秃秃的树干在寒风中"刷刷"直响，小草也被吹得更加没精神了。

大树穿上了 "白衬衫"

这一排排挺直腰板的大树可真爱美，就算头发掉光了，也不忘穿上整齐的白制服。其实这"白制服"是园林工人不久前给大树刷上的，它的作用可大呢！

🐛 虫子伤害不了我

树上刷的是白漆吗？其实这不是白漆，而是白灰。一些昆虫的幼虫会在冬天爬到树上，偷偷藏到树皮的缝儿里。而白灰中含有大量的碱性物质，可以杀死藏在树里的虫子，保护大树不被伤害。贝贝很疑惑：既然这样，为什么不把整棵树都涂上呢？因为小小的虫子只能爬到大约一米高的地方啊，所以人们涂一米高的石灰就够了。

🐦 "白大衣"真暖和

冬天，太阳一出来，褐色的树干就会赶快吸收热量，快速地升温。等到了晚上，没有了阳光，气温实在太低了，树干的温度又迅速下降。这样一冷一热，树干可受不了，树干很容易被冻得裂开。可是，当大树们穿上统一的"白制服"，情况就不一样了。"白制服"不仅整齐又漂亮，而且还能保暖呢！因为白色可以把40%~70%的太阳光反射掉，吸收的阳光大大减少，这样一来，白天不会太热，晚上不会太冷，树干的昼夜温差没那么悬殊，树木就不会被冻得裂开了。

雪花，欢迎光临

清凉的雪花落下来了，一片又一片……小小的雪花看似不起眼，但它们团结起来，可是能让整个城市都变成白色呢。它落在树梢上，变成了银色的羽毛；落在马路上，变成了又白又软的地毯；落在小朋友的手上，却化成了一滴湿漉漉的水珠。

为什么下雪

为什么会下雪？想要知道这个问题的答案，还要从地面上的水汽说起。天气好的时候，温暖的阳光让海面和地面的水蒸发到了天上，许多水蒸气聚在一起。它们越飞越高，也越来越冷，在高空被冻成了小冰晶，慢悠悠地飘落下来，就变成了雪花。

雪花都是有"核"的

空气中的水汽也想变成光彩夺目的雪花，但是这可不是那么容易做到的。它要经受的考验可多了：先要召集到足够多的同伴，让空气中的水汽充分饱和，然后还要在空气中找到"凝结核"，比如灰尘和小颗粒，只有附着在"核"上，它才有可能蜕变成美丽的雪花。

雪花的名字

贝贝很失落："雪花太美了，我都不知道该怎么形容它。"别担心，古人给雪花取了好多有诗意的名字呢，让人一听就可以想象到雪花的美。比如寒酥、琼妃、凝雨，是不是很美？你还能叫雪花六出、琼花、梨花、玉蝶，听起来就仙气飘飘，诗人们是不是很厉害呢？

来吧，一起堆雪人

快看呀，整座城市都盖了一层厚厚的雪，一下子变成了玉琢银雕的世界：树枝上挂着白色的雪，像是开了满树的银花；高楼大厦盖了白雪，像是戴了顶白帽子；马路上落了雪，就铺上了白色的地毯……

雪人真可爱

小朋友们兴冲冲跑到外面堆雪人，大家团结合作，很快就滚出了一大一小两个雪球。大的做身子，小的那个做脑袋，贝贝蹲在跟前看："雪人好像缺了点什么？"原来小朋友们还没做完呢！他们找来两个黑色的石子做眼睛，又捡来干枯的树权当雪人的手臂，小姑娘还把自己的帽子给它戴，这下雪人看起来有模有样的。贝贝的小主人还是不满意，他找来一小截胡萝卜给雪人做鼻子："这下完美了。"小朋友们开心极了，围着雪人又唱又跳。

玩雪后手变热

如果没有戴手套就去玩雪，会发现手会变得热热的。这是为什么呢？原来因为玩雪时，手的温度会降低，这个信号传递给大脑，大脑就会指挥血液流到手部的毛细血管中去，把温度平衡回来，所以我们就会觉得手是暖烘烘的。但是，这可不是真的温暖，而可能是玩得时间太长，雪把手冻伤了。所以，想要去玩雪，一定要戴上手套哟。

寒潮来了，冷，冷，冷！

寒潮来了，天气更冷了。树枝被冻成了"冰筷子"，窗户上结了厚厚的冰花，马路上也结了一层薄冰。行人裹得像一个个大企鹅，摇摇晃晃地走在马路上，可千万别摔倒了！

真冷呀

北风呼啸，天气又干又冷，小朋友们赖在被窝里不愿意起床，去上班的人脚步也变快了。路边有几个人在等公交车，他们有的搓手，有的不停跺脚，看起来真是冷极了。还有的人忘记戴帽子，只能用手捂着耳朵取暖，不一会儿手也冻得不听使唤了……天气真的越来越冷了！

寒潮是谁

寒潮并不是寒冷的潮水，而是来自遥远而寒冷的北方，由很多冷空气组成的一支规模庞大的冷气军团。它们气势汹汹地来到了我们身边，让温度迅速地下降。其实，寒潮这个名字也很贴切，寒冷的空气如同决堤的海潮，气势汹汹。

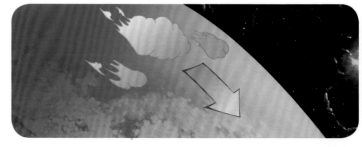

寒潮有好处

寒潮虽然冷，但是可以带来大风和降雪。贝贝不明白了："大风和降雪有什么好的？"这你就不懂了，大风可以发电，要知道风能可是有名的绿色能源呢；降雪的好处就更多了，冰雪能够滋润大地，这样来年春天植物就会长得更茂盛。而且呀，寒潮带来的低温还能杀死害虫和细菌，这个天然的"杀虫剂"是不是很厉害呀！

在那里，冬天是四季

贝 贝可太冷了，它躲在屋子里不愿意动。这就受不了了？我要告诉你一个秘密：有些地方一直都是冬天！

最寒冷的村庄

　　位于东西伯利亚的奥伊米亚康，是世界上最寒冷的村庄之一。这里纬度很高，靠近北极圈；深居内陆，远离海洋的暖气流；东、西、南三面环山，北面的冷空气涌了进来，南面的暖空气却被挡在了外面……因为这样，奥伊米亚康一年的平均气温也在零下十几摄氏度，被认为是北半球的"冷极"。在这生活的人要面临很多问题：还没等写字，墨水就牢牢地冻住了；在户外的时间稍微一长，眼镜可就冻在脸上拿不下来了……